Date: 11/13/18

SP J 332.024 HIG
Higgins, Nadia,
Ahorrar dinero /

Se inteligente con tu dinero

Ahorrar dinero

por Nadia Higgins

Bullfrog Books

Ideas para padres y maestros

Bullfrog Books permite a los niños practicar la lectura de texto informacional desde el nivel principiante. Repeticiones, palabras conocidas y descripciones en las imágenes ayudan a los lectores principiantes.

Antes de leer
- Hablen acerca de las fotografías. ¿Qué representan para ellos?
- Consulten juntos el glosario de fotografías. Lean las palabras y hablen de ellas.

Durante la lectura
- Hojeen el libro y observen las fotografías. Deje que el niño haga preguntas. Muestre las descripciones en las imágenes.
- Lea el libro al niño, o deje que él o ella lo lea independientemente.

Después de leer
- Anime a que el niño piense más. Pregúntele: ¿Ahorras dinero? ¿Para qué estás ahorrándolo?

Bullfrog Books are published by Jump!
5357 Penn Avenue South
Minneapolis, MN 55419
www.jumplibrary.com

Library of Congress Cataloging-in-Publication Data is available at www.loc.gov or upon request from the publisher.

ISBN: 978-1-62031-997-0 (hardcover)
ISBN: 978-1-62031-998-7 (paperback)
ISBN: 978-1-62496-680-4 (ebook)

Editor: Jenna Trnka
Book Designer: Molly Ballanger
Photo Researcher: Molly Ballanger

Photo Credits: Stephen Coburn/Shutterstock, cover; Derek Hatfield/Shutterstock, 1; Andrei Kobylko/Shutterstock, 3; Donald P. Oehman/Shutterstock, 4 (foreground), Anna Pustynnikova/Shutterstock, 4 (background); Parinyabinsuk/Dreamstime, 5 (foreground); Africa Studio/Shutterstock, 5 (background), 10–11 (background), 13 (bottom), 14–15, 19 (background); Dmitry Maslov/Dreamstime, 6–7; Sergey Novikov/Shutterstock, 8–9, 23br; RanQuick/Shutterstock, 10–11 (foreground), 23tl; schankz/Shutterstock, 11, 23tl; bluestocking/iStock, 12, 23bl; all about people/Shutterstock, 13 (foreground), 19 (left); Room27/Shutterstock, 13 (background); Mark Herreid/Shutterstock, 15; VectorDoc/Shutterstock, 16–17; HomePixel/iStock, 18; Ultrashock/Shutterstock, 19 (right), 23tr; Thomas Northcut/Getty, 20–21; Elena Rostunova/Shutterstock, 22 (foreground); konzeptm/Shutterstock, 22 (background); Kitch Bain/Shutterstock, 24.

Printed in the United States of America at Corporate Graphics in North Mankato, Minnesota.

Tabla de contenido

Tim tiene dinero. ¿Qué es lo que hará con el?

¡Él lo ahorrará!

Tim tiene una meta.

Él quiere comprar un pez como mascota.

Pero no tiene suficiente dinero.

Todavía no.

Él seguirá ahorrando.

¿Cómo es que Tim gana dinero?

Él hace quehaceres.

Recibe su domingo.

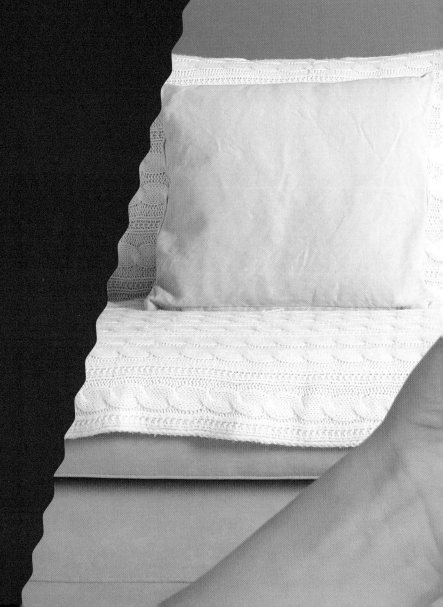

Tim hace un frasco de ahorros.

frasco de ahorros

Dibuja a un pez para ponerlo cerca del frasco.

13

Deposita su dinero en el frasco.

No lo sacará hasta que haya ahorrado suficiente.

Ahorros para Pez

Semana 1	Semana 2	Semana 3	Semana 4	Semana 5
✓				

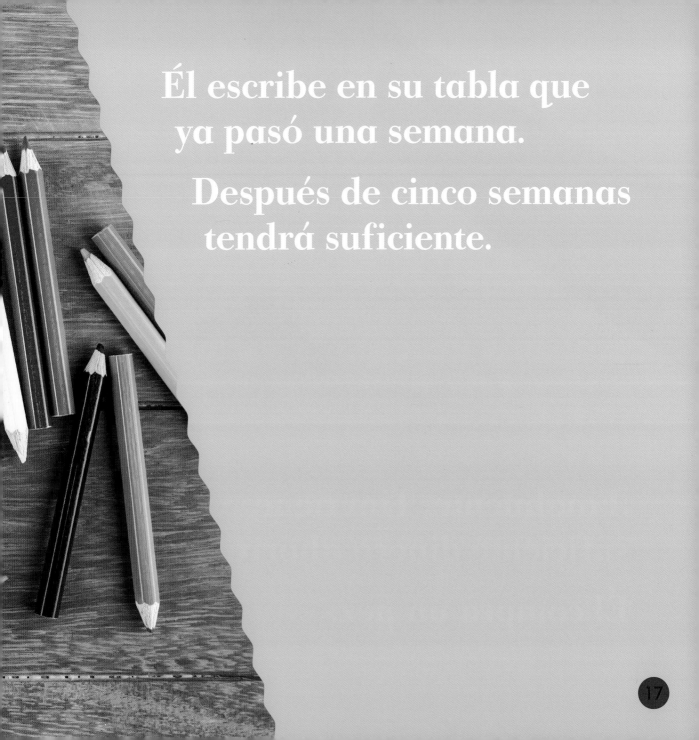

Él escribe en su tabla que
ya pasó una semana.

Después de cinco semanas
tendrá suficiente.

¡Finalmente, Tim tiene suficiente dinero ahorrado!

Él compra un pez.

Le nombra Goldy.

Ahorrar es divertido.
Nos ayuda a conseguir
las cosas que queremos.
¿Con qué propósito
ahorrarás tú?

21

Frasco de ahorros

¡Crea tu propio frasco de ahorros para depositar tu dinero ahí!

- frasco vacío
- papel
- lápiz
- cinta adhesiva

Instrucciones:
1. Piensa en una meta, o tu propósito para ahorrar.
2. Dibújalo en el papel.
3. Pega tu meta al frasco. Te recordará de la razón por la cual ahorras.
4. Deposita tu dinero en el frasco. ¡Ahorra hasta que tengas suficiente para comprar tu meta!

Glosario con fotografías

domingos
Dinero ganado al realizar quehaceres.

meta
Un propósito por el cual se trabaja.

frasco de ahorros
Un frasco para depositar y ahorrar dinero.

quehaceres
Trabajos ligeros que se hacen en casa.

Índice

Para aprender más

Aprender más es tan fácil como 1, 2, 3.

1) Visite www.factsurfer.com

2) Escriba "ahorrardinero" en la caja de búsqueda.

3) Haga clic en el botón "Surf" para obtener una lista de sitios web.

Con factsurfer.com, más información está a solo un clic de distancia.